I0026289

L⁵⁴ᵇ
1440

QU'EST-CE QUE

L'ORGANISATION DU TRAVAIL?

RÉPONSE

En deux Séances faites à l'Hôtel-de-Ville de Metz,

PAR

PAUL DE BOUREULLE,

Capitaine d'artillerie.

※

PRIX : 20 CENTIMES, AU PROFIT DES PAUVRES.

※

BESANÇON,

IMPRIMERIE DE SAINTE-AGATHE AÎNÉ.

1848.

Б 54 1440.

QU'EST-CE QUE

L'ORGANISATION DU TRAVAIL?

RÉPONSE

En deux Séances faites à l'Hôtel-de-Ville de Metz,

PAR

PAUL DE BOUREULLE,

Capitaine d'artillerie.

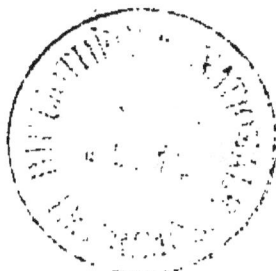

❦

PRIX : 20 CENTIMES, AU PROFIT DES PAUVRES.

BESANÇON,

IMPRIMERIE DE SAINTE-AGATHE AÎNÉ.

—

1848.

1849

AVANT-PROPOS.

—

Peu de jours après la révolution de Février, dans une réunion préparatoire de Metz pour les élections à l'assemblée nationale, j'avais été chargé par un groupe d'amis de porter à la tribune l'expression de notre pensée commune d'électeurs sur les questions à poser aux candidats dont les noms circulaient déjà dans tous les clubs.

J'avais à traiter spécialement un point sur lequel peu de citoyens semblaient avoir des idées bien arrêtées, celui de l'*Organisation du travail* promise par le gouvernement provisoire de la République.

Relativement à cette question, brûlante, il est vrai, mais désormais inévitable, mon programme fut celui-ci :

Le droit au travail garanti, en respectant le droit de propriété ;

La rétribution assurée au travail, suffisante pour affranchir le travailleur de la misère ;

L'élargissement des sources de production, et notamment une organisation féconde de l'agriculture, afin que la part du pauvre puisse être augmentée sans spolier le riche.

Tout en confessant qu'il y aurait folie à vouloir qu'un gouvernement improvisât la mise en pratique d'une économie sociale toute nouvelle, je tâchai d'en énoncer clairement et rapidement les principes ; je demandai qu'on en recommandât les applications progressives à l'étude sérieuse des futurs législateurs du pays ; je la leur signalai comme seule capable de rendre désormais les révolutions impossibles.

Après quelques phrases de développement, je terminai à peu près en ces termes :

Français de 1848, vous êtes plus heureux que vos pères de 92 ! Aujourd'hui que toutes les chaînes sont brisées, que toutes les tyrannies politiques sont terrassées pour jamais, vous pouvez pratiquer dans toute sa clémence le principe vraiment chrétien de la Fraternité universelle!

Vous voudrez l'amnistie générale, l'oubli du passé, l'abolition de la peine de mort, la liberté de la parole, la liberté de la presse, la liberté universelle d'élection, la liberté absolue des cultes, l'indépendance absolue des consciences, l'abolition de l'esprit de conquête et de propagande armée, l'indépendance pour toutes les nationalités, la sainte alliance des peuples.

Mais, ne l'oubliez pas, électeurs, le programme politique le plus sublime ne suffirait pas au salut de la République s'il n'était accompagné de réformes sages, mais résolues dans les conditions de l'existence matérielle et sociale du peuple.

Point de Liberté assurée, tant que la misère est possible!

Point d'Egalité effective, tant que l'instruction donnée à tous, sans distinction de fortune, ne donnera pas, à chaque enfant du peuple, les moyens de développer toutes ses facultés, toutes ses aptitudes; tant qu'on n'aura pas assuré le sort des femmes, des enfants et des vieillards!

Point de Fraternité réelle et sincère, tant que l'union des cœurs ne sera pas fondée sur la con-

vergence organisée et l'accord matériel des intérêts !

Or, toutes ces belles choses se réaliseront un
jour. Ceux qui vous diraient que ce sont des chi-
mères vous tromperaient en se trompant eux-
mêmes. Dieu nous destine à les trouver dans
l'ASSOCIATION.

Leur réalisation est l'objet d'une science, la
plus noble et la plus utile de toutes, la science
sociale.

Electeurs, nous vous le répétons de toutes nos
forces, mettez vos représentants en demeure de
consulter cette science, car elle existe ; il ne faut
que vouloir l'appliquer pour marcher à la déli-
vrance. Croyez-en ceux de vos frères qui l'étu-
dient depuis quinze ans, et qui y ont puisé une
foi profonde dans l'heureux avenir de la France,
de l'humanité tout entière !......

L'effet de ma harangue fut celui auquel je
devais m'attendre en apportant un langage
fort inusité, jusque-là, dans nos réunions politiques.

Les uns haussèrent les épaules d'un air
mécontent. C'étaient ceux qui, dans leur bonne

foi réelle, sans doute, mais imparfaitement
éclairée, ont l'habitude de classer la question
dont je parlais au rang des recherches sur la
quadrature du cercle et sur le *mouvement
perpétuel*. Ils trouvaient le Gouvernement
provisoire fort imprudent d'avoir promis de
pareilles choses, — ce qu'on pourrait soutenir
en supposant qu'il lui eût été possible de ne
pas les promettre ; — et ils auraient bien voulu
que les ouvriers pussent l'oublier, — ce qui
n'était pas plus facile.

D'autres me prirent pour un homme dan-
gereux. J'avais protesté à plusieurs reprises
de mon respect pour le droit de propriété, et
ils n'en comprenaient pas moins que je prê-
chais le partage des biens ou quelque énor-
mité de ce genre. J'avais parlé d'association,
et ils se disaient : « C'est un communiste. »

D'autres, ayant pu ou voulu mieux m'en-
tendre, se contentèrent de secouer tristement
la tête en disant : « Bonnes pensées, mais...
impossible ! »

Enfin, quelques hommes, trop peu nombreux, me témoignèrent publiquement leur approbation, leur sympathie, et vinrent, après la séance, jusqu'à me proposer de me porter comme candidat du département.

Je répétai que je n'avais parlé que comme électeur, et que je ne me croyais pas assez connu des habitants de la Moselle pour oser me présenter à leurs suffrages ; mais que j'accepterais avec reconnaissance une candidature, pour peu qu'elle fût jugée possible.

Il faut tout dire : je n'étais pas sans avoir déjà songé à m'offrir comme aspirant au mandat de député du peuple ; mais ç'avait été pour les Vosges, mon département natal. Enfant des montagnes de ce beau pays, je me serais cru doublement heureux de le représenter aux débats solennels qui allaient s'ouvrir. Une réponse reçue d'Epinal m'y avait fait promptement renoncer ; il m'avait été dit qu'au milieu d'un grand nombre de candidats, présentés concurremment par deux comités rivaux, je n'avais aucune chance de réussite.

Rien ne m'empêchait donc de me présenter aux électeurs de la Moselle. On m'y encourageait, je le fis, quoique un peu tard et sans illusions sur le résultat probable. C'était pour moi une obligation de plus d'expliquer et de développer dans leur signification tout inoffensive des paroles mal entendues. J'obtins, non sans peine, la salle de l'Hôtel-de-Ville pour y donner les deux séances d'exposition dont on va lire le texte. Et si le résultat des élections put laisser croire que j'avais perdu mon temps, il me fut permis de n'en pas juger ainsi. Acquises, ainsi qu'elles l'étaient, sans l'appui d'aucun comité officiel, d'aucune coterie, les voix qui me furent données avaient déjà leur valeur comme témoignage d'estime pour une homme nouveau professant des idées nouvelles.

Après tout, il s'agit beaucoup plus de la propagation des idées que du succès de l'homme. Et si je me suis permis de parler ici de moi, c'est que j'ai à faire au lecteur un aveu qu'il a déjà deviné, sans doute. Une première épreuve ne m'a nullement découragé.

En songeant à de futures élections, je ne désespère pas de mériter tôt ou tard de mes compatriotes une confiance plus entière; j'oserai la demander et je saurai l'attendre.

Oui, depuis quinze ans que je consacre à l'étude d'une science tout organisatrice les loisirs que me laissent mes devoirs militaires, je ne m'étais guère senti d'ambition, et il m'en vient une aujourd'hui, celle de servir aussi le pays comme citoyen.

Oui, je me sens assez d'amour du bien public et de connaissances acquises pour n'être pas inutile dans une assemblée législative.

Oui, j'ai tressailli d'enthousiasme à la vue des perspectives d'activité glorieuse et féconde vers lesquelles notre République peut nous conduire si nous savons le vouloir. Je crois fermement qu'il est donné à notre siècle d'inaugurer l'ère de vérité et de justice; et si jamais j'étais appelé à y travailler comme mandataire du pays, chaque jour de ma vie serait consacré à justifier cet honneur!

P. S. Ce petit écrit devait paraître six mois plus tôt. Deux changements de résidence, et diverses circonstances contraires à mes désirs en ont retardé la publication. Depuis le jour où j'écrivais les lignes qui précèdent, la question du travail s'est envenimée d'une façon déplorable. Une formule de paix a été prise pour cri de révolte. Des masses égarées ont osé demander à la guerre civile ce qui ne pourra jamais être qu'une œuvre de science et de fraternité. Toute la France est encore émue des scènes terribles qui ont ensanglanté Paris....

Élus du peuple ! vous avez dû rétablir et venger l'ordre attaqué par une criminelle folie. Que justice vous soit rendue, vous savez vaincre et punir sans haine. Vous vous rappellerez aussi que tout ne sera pas fait quand vous aurez vaincu et puni. Vous ne perdrez pas de vue un seul instant que toutes les révoltes sont filles de la misère, et qu'on ne tue les idées subversives que par le bienfait des idées saines et largement réparatrices !... Pour vouer avec vous toutes mes forces à cette tâche sainte, j'estimerais plus haut que jamais l'honneur d'être envoyé parmi vous !

Paris, le 1ᵉʳ novembre 1848.

PAUL DE BOUREULLE.

QU'EST-CE QUE
L'ORGANISATION DU TRAVAIL?

PREMIÈRE SÉANCE.

GÉNÉRALITÉS. — TRAVAUX INDUSTRIELS.

MESSIEURS,

Plusieurs personnes, parmi vous, m'ont exprimé le désir de savoir avec quelque détail ce que j'entends par l'ORGANISATION DU TRAVAIL, et j'ai eu un double motif pour accepter avec empressement l'engagement de vous le dire.

D'abord, c'est que je crois utile de propager sur cette grave question des idées encore trop peu connues. Ensuite, c'est que j'avais à cœur de prouver que, loin d'être dangereuses, comme on peut être tenté de le croire sans les connaître, ces idées portent avec elles tous les gages de conciliation, d'ordre et de paix.

1

Quelques-unes des paroles prononcées par moi dans la dernière réunion électorale ont été mal saisies ou mal interprétées ; j'en ai eu un profond regret.

J'espère donc que cela sera bien entendu ici : personne ne respecte plus que moi le droit de propriété. Personne n'est plus éloigné que moi-même de prêcher la communauté ou le partage des biens, ainsi que quelques citoyens avaient semblé le comprendre. Il m'importait de débuter par cette déclaration.

Maintenant, en abordant le sujet qui va nous occuper, le premier mot que j'ai à en dire et que vous comprendrez tous, c'est qu'il n'y a point d'Organisation du travail possible sans argent, ou du moins sans crédit ; et qu'il n'y a pas de crédit sans tranquillité publique.

Heureusement, cette tranquillité ne nous fera pas défaut. Dès que nous serons sortis du provisoire, dès que nous aurons une Assemblée constituante résolue, comme elle le sera sans doute, à fonder solidement une bonne république au profit de tous, sans arrière-pensée de réactions ou de mesures violentes, la confiance, un moment ébranlée, renaîtra ; les capitalistes, un peu trop prudents peut-être, qui n'osent pas en ce moment livrer leurs fonds à la circulation et à l'industrie, ne tarderont pas à les y rapporter.

Le crédit de l'Etat, surtout, acquerra promptement une puissance toute nouvelle, et lui permettra d'entreprendre toute une série de travaux importants qui donneront à l'activité du pays la plus heureuse impulsion.

L'Etat, vous le savez, a deux ressources pour se procurer de l'argent. La première c'est celle des impôts qui, bien entendu, devront être sagement remaniés dans toutes leurs parties, afin de les faire peser moins lourdement sur le pauvre. La seconde ressource, c'est celle des emprunts, et ici encore il y aura un excellent principe à adopter.

L'Etat, au lieu de s'adresser à de riches et puissants banquiers, qui spéculent sur ces emprunts et en tirent généralement d'énormes bénéfices, l'Etat empruntera directement à la nation, fera des emprunts vraiment nationaux.

Dès qu'une loi aura décrété l'opportunité de tels ou tels travaux dans l'intérêt du pays, il ne manquera pas de citoyens disposés à venir échanger leurs écus contre des titres de rente sur le grand livre. L'Etat, qui ne meurt jamais et qui n'est jamais forcé à un remboursement en masse, n'est pas comme un particulier; il peut s'enrichir tout en empruntant beaucoup; car il peut toujours faire de ses emprunts un emploi tellement utile, soit pour le présent, soit pour l'avenir, que cette utilité compense, et bien au-delà, l'obligation d'en servir les intérêts.

Cette question de finance aurait besoin d'être développée, mais je dois y renoncer, puisqu'il me faut renfermer dans des limites étroites tout ce que j'ai à vous dire.

Double rôle du gouvernement dans l'activité industrielle et agricole de la France.

Il y aurait également à discuter, dès le début, jusqu'à quel point le pouvoir de l'Etat doit intervenir dans le mouvement industriel et agricole du pays. Sans entrer dans cette discussion, qui pourrait aussi nous conduire fort loin, vous ne ferez pas difficulté de distinguer :

1° Un ensemble d'entreprises et d'institutions générales qui réclament la direction immédiate et constante de l'Etat;

2° Une grande variété d'institutions et d'entreprises, le plus souvent locales, dont le développement spontané restera indépendant du gouvernement, qui ne réclameront de sa part qu'une protection éclairée, et que pourra seul vivifier le principe de l'association purement volontaire.

J'aurai à m'occuper spécialement plus loin de cette dernière classe d'entreprises ; revenons à la première, qui devra prendre une importance trop méconnue sous nos anciens gouvernements.

Ainsi que je le disais il y a peu de jours, il faudra, pour le salut de tous, abandonner, en matière d'économie sociale, la vieille maxime égoïste du *laissez-faire*, du *chacun pour soi*, et proclamer en principe la haute intervention de l'Etat dans toutes les questions fondamentales de production et de distribution de la richesse nationale.

Jusqu'ici il a été trop généralement admis que l'Etat faisait plus mal tout ce dont il se chargeait que ne l'aurait fait l'industrie privée ; qu'il fallait laisser au gouvernement le moindre rôle possible dans le travail du pays.

Sous les régimes du privilége et de l'oligarchie financière, une pareille méfiance envers le pouvoir s'expliquait et se justifiait quelquefois. Mais aujourd'hui, grâce à Dieu, nous pouvons sans danger revenir à une plus saine doctrine. Nous n'avons plus d'autres gouvernants que nos propres mandataires. Ils n'auront de force que par l'accord et pour l'accord des intérêts de tous. Nous devrons donc regarder comme heureux que cette force soit grande.

« L'ETAT C'EST NOUS, vous disais-je, c'est la nation tout entière. La bourse de l'Etat, ce n'est plus la bourse du FISC, c'est celle de la nation.

» L'Etat doit donc être lui-même directeur de tous les grands travaux d'utilité publique, de toutes les institutions de garanties générales.

» A l'Etat la construction, la propriété et l'exploitation permanentes de toutes les grandes voies par lesquelles circule la vie de la France.

» A l'Etat les routes, les canaux, les chemins de fer qui n'auraient jamais dû être livrés à la spéculation et à l'agiotage.

» L'Etat peut et doit enlever les chemins de fer, sauf indemnité pour les actionnaires sérieux, à toutes les compagnies qui n'ont pas rempli leurs engagements envers la loi. Il doit les racheter tous, et pour cela il n'a pas besoin de les demander au principe d'expropriation forcée : dans la situation actuelle, personne ne préférera des actions de chemin de fer à des titres équivalents garantis par l'Etat.

» A l'Etat l'organisation d'un système général

de roulage et de transports : c'est le seul moyen
de prévenir les excès de spéculation, la concurrence anarchique, l'accaparement, les disettes
factices sur toutes les denrées nécessaires à la vie
du peuple.

» A l'Etat l'organisation du crédit agricole, les
banques confédérées, l'utilisation des fonds de
caisses d'épargne et de retraites, les assurances,
le courtage industriel.

» A l'Etat l'établissement d'un système ration-
nel d'irrigations, fermes-écoles, cultures modèles
des biens communaux, reboisements des montagnes, etc. »

Quoique le temps me presse, je ne puis passer
sans vous rappeler, à propos du reboisement des
montagnes et des irrigations, combien de tels
travaux sont urgents et combien ils seraient fé-
conds.

Vous savez quels ravages occasionnent chaque
année les débordements subits des fleuves et des
rivières. La science constate que ces désordres
affreux dans la distribution et l'écoulement des
eaux proviennent en très-grande partie du dé-
boisement de nos chaînes de montagnes, dont les
pentes mises à nu ne retiennent plus assez les
eaux provenant des pluies ou de la fonte des

neiges, et perdent, en outre, de plus en plus leur terre .végétale entraînée par les torrents et les fleuves.

Cet effet déplorable, qui tend à rendre stériles tous les terrains en forte pente, et la considéra- tion de la fécondité qu'un système général d'irri- gations, combiné avec le reboisement, pourrait donner à nos vallées et à nos plaines, ont fait dire à un agronome illustre que chaque année nous laissions aller PLUS D'UN MILLIARD A LA MER.

Il y aura donc à faire d'immenses travaux d'arts, tels qu'encaissements et endiguements de cours d'eau, canaux, ponts de toutes natures, tunnels, aqueducs, terrassements, etc.

Vous vous figurerez facilement que la plupart de ces travaux exigeront de grands rassemble- ments d'ouvriers de divers états, agissant sous une direction unique, sur un même lieu, souvent éloigné de tout centre de population ; — que ces entreprises, en un mot, seront souvent de véri- tables expéditions, de véritables campagnes.

Aussi ne dois-je point négliger ici une pensée qui a été déjà émise par plusieurs hommes émi- nents, et qui a certainement un grand rôle à jouer dans l'organisation industrielle de l'avenir :

celle de la formation d'une ARMÉE DE TRAVAUX PUBLICS, d'une armée industrielle.

Armée de travaux publics.

Je voudrais pouvoir mettre sous vos yeux avec détail un projet soigneusement étudié, parfaitement réalisable, d'une petite armée de ce genre, projet récemment établi par un ingénieur des ponts-et-chaussées de mes amis (1).

En voici la substance :

Le corps des ingénieurs, conducteurs et piqueurs des ponts-et-chaussées, modifié et développé convenablement dans son organisation, fournirait l'état-major supérieur et les chefs ou officiers de différents grades de ce régiment de nouvelle espèce.

Chaque régiment ou bataillon, d'un effectif calculé suivant les besoins et la nature des travaux, compterait des compagnies de terrassiers, de mineurs, de maçons, de tailleurs de pierre, de charpentiers, de forgerons, etc., en proportions également calculées et nécessairement variables.

(1) M. Krantz, né comme moi dans les Vosges, l'un de ces hommes dont on aime à se dire le compatriote.

Le recrutement en serait fait par voie d'engagement volontaire. Dans les premiers temps, si ces engagés se présentaient en trop petit nombre, on appellerait les sujets intelligents parmi ceux qui font déjà partie du contingent militaire, et qui ne demanderaient pas mieux que de troquer le fusil contre les outils de leur état.

Plus tard, et dans un but de bienfaisance que vous apprécierez, il y aurait place aussi pour les orphelins et enfants trouvés, auxquels on ouvrirait ainsi une carrière de travail honorable.

L'engagement pourrait être borné à une durée de 5 ans; les sujets admis devront avoir de 18 à 20 ans; de telle sorte qu'à 25 ans, au plus tard, l'ouvrier soit libre de quitter le service public, pour s'établir, se marier, devenir ouvrier sédentaire. Tous les bons sujets auraient la faculté de se réengager.

Pendant la saison des travaux, cette armée irait dresser elle-même et habiter un camp établi, soit avec des tentes, soit en baraques, sur les lieux de ses travaux extérieurs.

Pendant l'hiver, les régiments ou bataillons seraient casernés, comme les nôtres, dans des villes ou villages. La paix devenant de jour en jour plus certaine et la guerre moins possible, il sera indispensable de réduire considérablement l'armée militaire. Ce qu'il en restera aura sa principale utilité en Afrique. Beaucoup de casernes seront disponibles en France. Il serait facile de les modifier, et de leur adjoindre les ateliers nécessaires à l'instruction professionnelle des travailleurs.

Car l'emploi de la morte saison ne serait pas le moins utile et le moins important pour eux, j'y appelle votre attention. — L'hiver serait consacré à l'instruction théorique et pratique des ouvriers, contre-maîtres, etc., chacun suivant ses capacités. Chacune de ces garnisons serait une véritable école d'arts et métiers. Les ouvriers qui, aujourd'hui, font leur *tour de France* pour se perfectionner dans leur état, et y apprendre ce qu'il y a de bon dans les méthodes de différents pays, trouveraient, en s'engageant dans ces compagnies, une instruction solide, variée. Les plus intelligents y trouveraient des cours professés par leurs chefs, des moyens d'avancement. Ils pourraient devenir successivement chefs d'ateliers, piqueurs, conducteurs, ingénieurs même. Ceux qui voudraient rentrer chez eux après leurs cinq ans de service y rentreraient, joignant aux habitudes d'ordre et de discipline

de nos soldats actuels , la connaissance parfaite
d'un ou même de plusieurs métiers. Je vous laisse
à réfléchir de quel bon effet tout cela pourrait
devenir pour l'industrie en général.

N'oublions pas que les dépenses d'une telle
armée ne seraient pas onéreuses pour l'Etat ; que
rien n'empêchera , en compensation , de réduire
l'armée militaire ; et qu'au besoin , ces troupes
nouvelles , exercées à la gymnastique et au ma-
niement des armes pendant leurs loisirs , pourraient promptement fournir d'excellents corps
mobiles , pour la défense du pays ou pour celle
de l'ordre.

Vous savez tous que le soldat vit en quelque
sorte dans l'aisance avec une faible solde et un
ordinaire très-économique. Les ouvriers enrégimentés ne coûteraient pas beaucoup plus cher ,
ou plutôt ils coûteraient infiniment moins , tout
calcul fait , car ils accompliraient des travaux
productifs à la nation.

Le temps me manque pour vous développer
tout ce qu'une telle idée a de bon et de fécond
pour l'avenir. J'ajoute seulement, pour vous en
donner un nouvel aperçu , que l'auteur a joint
à son projet celui d'une vaste institution de caisse
de retraites et d'INVALIDES DE L'INDUSTRIE , non.

seulement pour les ouvriers enrégimentés, mais
même pour les ouvriers libres, en combinant les
faibles retenues à faire aux premiers, sur leur
solde de chaque mois, avec les ressources des
diverses associations de secours mutuels à former
dans toutes les villes de France, analogues à
celles que vous avez à Metz, et qui est encore
susceptible de perfectionnements.

Travailleurs sédentaires. — Ateliers sociaux de M. Louis Blanc (1). — Associations libres.

Passons aux moyens directs d'améliorer le sort
des ouvriers sédentaires des villes, dont le nombre sera toujours de beaucoup plus considérable,
et que leur position de pères de famille, pour la
plupart, rend encore plus dignes de nos études.

Vous vous le rappelez, l'un des bienfaits de la

(1) Quelles que soient les imperfections des ATELIERS
SOCIAUX tels que M. Louis Blanc les propose, on lui doit
la justice de ne pas les confondre avec ces calamiteux
ATELIERS NATIONAUX qui contribuent si fatalement à trou-
bler Paris depuis trois mois. On ne se débarrassera bien
de ces derniers que par l'application de deux moyens
indiqués dans ce petit volume : la création de CORPS DE
TRAVAUX PUBLICS, et celle de COLONIES AGRICOLES en France
et en Algérie.

révolution de 89 a été de briser les entraves qui s'opposaient au libre exercice de l'industrie et du commerce. Elle a aboli les priviléges de corporations, et ces priviléges ne sont pas à regretter. Mais si elle nous a délivrés de leur joug, elle n'a guère su le remplacer que par une concurrence confuse, anarchique, en un mot, par le désordre. Il me serait facile de vous faire ici une critique fort longue et fort juste de cet état de choses ; mais je ne vous apprendrais rien de nouveau. Chacun de vous en voit journellement autour de lui les funestes effets. Chacun de vous en souffre. Ne ravivons donc pas une plaie déjà si douloureuse, mais prenons l'engagement de chercher sans relâche à la guérir.

Or, ici je crois qu'il faut renoncer, sauf exceptions et mesures transitoires, à l'intervention directe de l'Etat comme organisateur. Il faut vous le dire dès ce moment : le remède ne sera complétement trouvé que dans l'association du chef de l'industrie avec l'ouvrier, du propriétaire avec celui qui n'a que ses bras pour le faire vivre ; et l'association ne peut pas être l'affaire d'un décret. Il n'y a pas, il ne peut pas y avoir de loi qui force un citoyen à s'associer à d'autres. L'association ne peut être due qu'au libre arbitre, à la confiance réciproque de ceux qui s'associent, à l'intelligence des avantages qui peuvent en résulter pour eux tous. Une association forcée n'en serait pas une ; elle serait impuissante pour le bien.

Cependant, tout en croyant respecter suffisamment ce principe de liberté, un homme de talent, aujourd'hui membre du gouvernement provisoire, M. Louis Blanc, a imaginé depuis plusieurs années un système qui suppose un immense pouvoir confié à l'Etat.

Il y a été conduit par l'examen des horribles effets qu'une concurrence sans frein et sans règles cause aujourd'hui dans toutes les branches de l'industrie ; concurrence nuisible à tout le monde, tendant à perpétuer dans toutes les relations industrielles et commerciales le mensonge, la fraude et toutes les chances de ruine et de misère.

Voici le remède qu'il propose :

Le gouvernement serait appelé progressivement à devenir le suprême régulateur du travail industriel de la nation.

Il serait autorisé par des lois à se servir, — selon l'expression de M. Blanc lui-même, — à se servir de l'arme même de la concurrence pour faire disparaître la concurrence.

Le gouvernement, au moyen d'emprunts de capitaux dont il paierait les intérêts fixes aux capitalistes qui les lui confieraient, créerait successivement, dans chaque ville et dans chaque branche importante d'industrie, des ateliers qu'il appelle ATELIERS SOCIAUX, restant sous la direction et sous la responsabilité du gouvernement.

Les ouvriers admis à travailler dans un de ces ateliers recevraient au jour le jour pour vivre un salaire minimum suffisant. Ils le recevraient, soit en argent, soit en nature et au moyen d'institutions économiques dont j'aurai à vous parler. Puis, à la fin de l'année, chacun d'eux serait admis à toucher une part *égale* dans les bénéfices nets de l'exploitation.

Avant d'aller plus loin, j'appuierai un instant sur cette dernière idée. L'auteur voulait attribuer *dans l'avenir* à chaque ouvrier, quels que soient sa fonction et son talent, une part égale dans les bénéfices. — Son principe, à ce sujet, était celui-ci : il croit, ou du moins il croyait alors, que, malgré l'inégalité évidente dans les aptitudes, les capacités et le travail produit des ouvriers, la justice absolue ne devait pas admettre d'inégalités dans les parts de bénéfices. Il voulait bien reconnaître qu'*aujourd'hui* un travailleur habile aimait à se faire payer plus cher qu'un maladroit ou qu'un paresseux, mais il attribuait cela à nos mœurs, à nos habitudes viciées par le régime faux où nous vivons ; et il pensait qu'à l'avenir l'esprit de fraternité façonnerait l'homme au sentiment de l'égalité absolue dans le gain.

Pour ma part, j'avoue que je n'adopte pas cet avis ; et je suis persuadé que M. Louis Blanc lui-même l'a abandonné ou l'abandonnera. Je crois :

1° Qu'un maçon habile, par exemple, ne consentira jamais à ne pas gagner plus qu'un gâcheur ;

2° Qu'il n'est pas à désirer qu'il vienne à y consentir, et que la fraternité, aussi bien que la justice, se concilient parfaitement avec la condition de rétribuer chacun proportionnellement à son travail et à son talent.

M. Blanc convient lui-même qu'il faut en tout une hiérarchie, et qu'il y aura lieu à admettre plusieurs classes de travailleurs, supérieures les unes aux autres. Puisqu'il reconnaît avec raison que ces supériorités pourront être avouées de

tous, constatées par l'élection même des ouvriers entre eux, quelle difficulté y aura-t-il à leur faire admettre fraternellement que chacun sera d'autant mieux payé qu'il sera plus élevé dans çette hiérarchie élective?.....

Revenons à l'atelier social, sur le bénéfice duquel chaque ouvrier toucherait une part à la fin de l'année; et n'oublions pas de dire que l'Etat, lui, ne prélèverait sur le bénéfice brut que l'intérêt de son capital, plus une somme affectée à une caisse de secours, soit pour les besoins des ouvriers associés, soit en faveur de travailleurs étrangers à qui le seul fait de l'existence des ATELIERS SOCIAUX causerait du tort, comme vous allez le voir.

M. Blanc suppose, avec raison, qu'une telle entreprise serait toujours en bénéfice, pour peu qu'elle fût bien conduite; car l'Etat se faisant entrepreneur ne manquerait jamais des moyens de produire à qualité au moins égale et à meilleur marché que les chefs d'ateliers particuliers. — Loin de se contenter de régulariser les prix par cet avantage, de manière à ce que l'industrie privée ne puisse pas abuser de ses pratiques; — loin de se dissimuler que ses ATELIERS SOCIAUX pourront faire une concurrence ruineuse aux ateliers privés, — M. Blanc compte précisément sur cette guerre faite pas à pas et avec mesure au nom de l'Etat, pour amener les industries privées à capitulation et les absorber peu à peu, se les associer à leur tour, de manière qu'au bout d'un temps plus ou moins long, l'Etat soit véritablement l'arbitre suprême d'une association immense.

M. Blanc a beau dire que l'Etat aurait grand soin de n'absorber les industries rivales que lentement, l'une après l'autre, sans leur faire de mal, en leur portant secours et pour leur propre bonheur. Il a beau dire que l'Etat serait un maître excellent, puisqu'il n'aurait pour guide que la science et l'intérêt public; on n'aime pas trop la perspective de se trouver placé par la force des choses entre la nécessité d'avoir pendant toute sa vie le Gouvernement pour chef d'atelier, et celle de se ruiner en travaillant en dehors de lui.

Lors même qu'un tel système serait irréprochable pour le fond, c'est déjà un défaut d'avoir l'apparence aussi envahissante.

Au reste, ce projet date de 1841. Je dois croire que la discussion et la réflexion ont avantageusement modifié depuis les idées de l'auteur. M. Louis Blanc est un esprit trop distingué pour ne pas faire chaque jour des progrès en science sociale (1).

N'envisageons donc pas ce système comme avantageusement applicable dans son ensemble ; mais ne négligeons pas ce qu'il y a de vrai dans les principes sur lesquels il s'appuie.

L'Etat, ou mieux encore les communes quand elles le pourront, devront établir, surtout dans les premiers temps, des ateliers de travail pour procurer de l'ouvrage aux ouvriers qui en manquent.

L'Etat ou les communes devront se charger du courtage industriel, c'est-à-dire ouvrir des bureaux de renseignements, où les chefs, qui auront besoin d'ouvriers, viendront le dire à l'avance, où les ouvriers qui sont inoccupés viendront se faire inscrire. Alors, dès qu'une commune verra le travail manquer à sa population ouvrière dans les ateliers particuliers, elle devra ouvrir, suivant ses moyens, des ateliers temporaires.

Il pourra être aussi d'un excellent effet que l'Etat ou les communes établissent, à leur compte, des ateliers permanents pour certaines

(1) Peu de jours après cette séance, je voyais avec regret, dans le compte-rendu des conférences du Luxembourg, que M. Blanc n'avait pas fait grand chemin depuis sept ans.

industries d'utilité générale ; que les ouvriers y
soient associés aux bénéfices de l'exploitation,
proportionnellement à leur concours, ne fût-ce
que pour donner l'exemple aux directeurs d'entreprises particulières ; enfin, que ces entreprises
nationales ou communales se bornent à régulariser les prix courants des produits ou denrées,
de manière à empêcher les hausses excessives
dans l'intérêt des consommateurs, en rendant
impossibles les coalitions d'industries privées si-
milaires, sans faire une concurrence ruineuse à
ces industries.

Quant à la constitution intérieure de ses ateliers sociaux, M. Blanc a également émis, sauf la
question de répartition des bénéfices, d'excellentes
idées qui peuvent être mises à profit. Elles peuvent l'être, non-seulement dans les entreprises
modèles que l'Etat ou les communes auront à
entreprendre dans les limites que je viens d'in-
diquer, mais aussi dans les diverses associations
libres que les travailleurs et chefs d'industrie ju-
geront à propos de former entre eux. Quelques
heureuses tentatives de ce dernier genre ont déjà
eu lieu à Paris depuis plusieurs années, sous l'in-
spiration plus ou moins directe de M. Louis Blanc,
notamment celle de la maison Leclaire exploitant

la peinture en bâtiments. On peut voir dans cette maison comment en mettant de l'ordre dans sa comptabilité, comment en initiant ses ouvriers à ses calculs et en les associant à ses bénéfices, un chef-d'atelier peut donner à tous ses employés de l'émulation, un bien-être véritable, et s'assurer à lui-même la prospérité de ses affaires.

Peu à peu d'aussi bons exemples finiront bien par être suivis. Mais remarquez que, pour s'aventurer à associer leurs ouvriers à leur exploitation, il faut que les chefs d'industrie aient leur crédit et leur clientèle assurés; il faut être dans des temps plus calmes que celui-ci. Ce serait leur demander de faire un métier de dupes que de vouloir être associés à leurs chances de bénéfices, sans risquer leurs chances de pertes, tant qu'ils ne trouvent eux-mêmes aucune garantie dans la situation.

La vie à bon marché. — Boulangeries sociétaires. — Réserves de grains. — Boucheries sociétaires, etc.

J'arrive à certaines entreprises auxquelles j'ai déjà fait allusion, entreprises que l'Etat, les communes, ou même de simples associations de capitaux particuliers, peuvent créer immédiatement pour faire vivre les travailleurs à meilleur marché, avant que le temps soit venu de faire encore mieux pour leur sort.

Vous le savez, il n'est pas de question qui touche de plus près l'ouvrier que celle du prix du pain.

La fixation de ce prix importe tellement à la sûreté publique que, dans tous les centres un peu considérables de population, on a senti l'impérieuse nécessité de le taxer d'office, quelle que soit la force des doctrines de *laissez-faire* industriel et commercial qui nous régissent depuis soixante ans. C'était le seul moyen d'empêcher que des coalitions de boulangers vinssent à produire des hausses injustes et désastreuses.

Or, ce que beaucoup d'entre vous ignorent peut-être, c'est que la fixation de la taxe du pain fait le désespoir de tous les magistrats désireux de concilier tous les intérêts légitimes.

Cette taxe dépend du prix des farines, prix variable, très-difficile à fixer, impossible à garantir de manœuvres frauduleuses, du moins dans l'ordre de choses actuel.

Elle dépend du nombre des boulangers qui se partagent la clientèle d'une ville, nombre qui est illimité, puisque, depuis la révolution de 89, chacun est libre de se faire boulanger à ses risques et périls.

Elle dépend du prix de revient du pain fabriqué. Or, les frais de fabrication ne sont pas les mêmes pour le boulanger qui fabrique beaucoup, et pour celui qui fabrique peu.

Bref, rien n'est plus insaisissable qu'une appréciation de la taxe du pain satisfaisante pour tous les intérêts.

On rendrait donc un très-grand service aux magistrats, aux consommateurs et, plus tard, aux boulangers eux-mêmes, si l'on trouvait un régulateur naturel du prix du pain.

Or, supposons qu'un nombre suffisant de citoyens d'un même quartier se réunissent, et disent à un boulanger de ce quartier :

« Citoyen, vous faites du pain très-bon quand vous avez de bonne farine. Mais vous n'avez pas toujours de bonne farine, soit parce que vous n'avez pas assez de fonds ou de crédit pour faire des marchés avantageux, soit parce que votre clientèle n'est pas assez assurée, soit parce que vos seules forces et vos seules lumières ne vous suffisent pas pour bien diriger votre commerce.

» Eh bien ! nous allons former entre nous tous une société par actions, au capital nécessaire pour bien opérer. Si vous voulez, nous achetons votre établissement; nous en deviendrons tous co-propriétaires, chacun proportionnellement au nombre d'actions qu'il aura prises. Vous serez notre gérant; vous fabriquerez le pain, et pour cela vous toucherez un traitement fixe. Vous serez aidé d'un ou de plusieurs garçons, lesquels auront aussi leur salaire fixe, plus une petite part que nous leur ferons dans les bénéfices nets. Quant à vous, vous serez en outre actionnaire intéressé, comme nous, pour autant d'actions que vous en voudrez prendre.

» Chaque action sera de 20 fr., divisible même en coupons de 10 fr., pour qu'elles soient à la portée de tout le monde, et parce qu'une telle association s'assure naturellement au moins autant de pratiques qu'elle a d'actionnaires. Pour arriver à former un capital suffisant, soit 10 ou 12 mille francs, ceux d'entre nous qui sont riches, aisés, propriétaires, rentiers, chefs d'ateliers, prendront chacun 10, 20, 50 actions et plus, tant pour rendre service au quartier que pour s'assurer du pain convenable à leur portée, et parce que, après tout, ils seront certains que ce sera de l'argent solidement placé.

» Chaque année, notre assemblée générale où

chacun aura sa voix, riche ou pauvre, nommera dans son sein un comité d'administration et de surveillance. Ses fonctions seront gratuites. Il aura à surveiller votre fabrication et votre comptabilité. Tous les achats seront faits au comptant et par son ordre. Ce sera lui qui calculera le prix de revient des pains de diverses qualités, et il en déduira les prix de vente, en partant de ce principe que le but de notre BOULANGERIE SOCIÉTAIRE est d'abord de nous procurer à nous-mêmes du bon pain, puis, de nous le fournir à bon marché, sans cependant faire une concurrence ruineuse au boulanger du quartier voisin.

» Les comptes de ce comité, rendus en assemblée générale et loyalement publiés, feront connaître le bénéfice net à la fin de chaque année ; et la répartition en sera faite au prorata des actions versées, toutefois, sans que les parts puissent jamais dépasser l'intérêt de 5 p. % du montant de ces actions.

» Le reste du bénéfice, s'il y en a, sera destiné à un fonds de réserve qui fortifiera encore l'entreprise, et qui nous permettra plus tard de donner du pain à moitié prix, ou même gratis, aux nécessiteux de notre quartier. »

En y réfléchissant un peu, vous verrez que cette

combinaison très-simple est de nature à contenter tout le monde ou à peu près.

Elle contentera les particuliers qui seront à la fois actionnaires et consommateurs de la boulangerie, qui formeront ainsi eux-mêmes le noyau solide de sa clientèle, et seront intéressés à la bonne qualité du pain.

Elle contentera le boulanger qui ne courra aucun risque de perte, avec son traitement assuré comme minimum, et qui ne sera plus tenté par la concurrence de falsifier sa farine ou de vendre à faux poids.

Elle contentera la ville enfin; car il suffira à une ville d'avoir une ou plusieurs boulangeries semblables, suivant sa population, pour voir les prix du pain parfaitement régularisés par ces établissements, sans qu'il y ait besoin de taxe.

Il est vrai, cependant, que, parmi les boulangers non associés, ceux qui fabriquent en petit pourront se plaindre d'une concurrence semblable, contre laquelle ils ne pourront pas lutter longtemps; mais qu'y faire? — Dans l'état de véritable anarchie industrielle où nous vivons, on ne peut malheureusement pas réaliser un seul avantage général sans froisser quelqu'un malgré soi. Ceux des boulangers qui ne trouveront pas la ressource de se fondre dans d'autres associations pareilles, ceux-là seront de trop. Ce sera un malheur, mais un malheur auquel les petits commerçants sont déjà exposés aujourd'hui. Le remède à ce mal est encore trop éloigné pour que nous puissions en parler en ce moment.

Cette combinaison que je vous recommande, et qui porte déjà le nom de BOULANGERIE SOCIÉTAIRE, n'est pas seulement un projet. Elle est réalisée et réussit parfaitement dans plusieurs localités. A ma connaissance, il y en a une à Genève depuis deux ans; il y en a une à Bruxelles depuis l'an dernier; il vient de s'en former une à Brest, et partout l'on en est très-satisfait.

Je ne puis abandonner la question du pain sans dire combien il serait à désirer que l'Etat ou les communes adoptassent un système de réserves pour garantir à peu près en tout temps un prix raisonnable des céréales.

L'Etat, ou les communes qui le peuvent, devraient se charger de faire dans les bonnes années des achats, de tenir des magasins approvisionnés pour les années mauvaises. Ce sont de ces mesures salutaires qui seront appréciées de tout le monde, quand les esprits seront habitués à la confiance que mériteront un gouvernement et

une administration populaires. C'est porter jusqu'à un excès funeste le respect pour la liberté
commerciale, que de laisser entièrement à la saga-
cité et à la vigilance des spéculateurs l'approvisionnement des villes, surtout des villes considérables.

Notez qu'il ne s'agirait ici que d'une espèce de
régulateur des prix, régulateur établi par le magasin de l'Etat ou de la commune. — Les prix du
marché du commerce seraient-ils raisonnables?
le magasin public ne vendrait pas. — La spéculation ou bien la rareté momentanée des arrivages
menaceraient-elles d'une hausse excessive? aus-
sitôt le magasin s'ouvrirait, les blés de la ville ou
de l'Etat arriveraient sur la place ; par leur seule
présence ils déjoueraient toutes les manœuvres,
et dissiperaient toutes les inquiétudes (1).

La ville de Metz, en particulier, aurait besoin
d'une institution de ce genre. Placé dans l'angle
de deux frontières et peu favorisé en ressources
de navigation, le département de la Moselle se
trouve dans des conditions très-défavorables à la

(1) La commune de Besançon, propriétaire de belles
forêts, pratique avec succès ce système régulateur pour
la vente du bois de chauffage.

fois pour la vente de ses céréales, lorsqu'il en veut exporter, et pour ses approvisionnements, lorsqu'il a besoin d'en faire. Quand le blé est cher partout, il l'est encore plus à Metz qu'ailleurs, faute de facilités pour l'y amener. Quand il est abondant dans le pays, il s'y vend mal, faute de débouchés favorisant l'exportation.

Un système de réserve bien entendu contribuerait beaucoup à annuler ces deux inconvénients l'un par l'autre, à la satisfaction commune des consommateurs et des producteurs du pays.

Après le pain, l'aliment le plus utile à l'homme, et celui dont les ouvriers sont trop souvent contraints de se priver, c'est la viande.

Eh bien ! l'on peut créer des Boucheries sociétaires tout aussi facilement que des boulangeries. Et ceci n'est pas non plus un simple projet; c'est une expérience déjà faite et réussie à Besançon, depuis plus de trois ans, par une société dont les statuts sont analogues à ceux que je vous ai décrits. Dès ses débuts, elle a fait baisser sensiblement le prix moyen de la viande, et elle. le maintient dans des limites avantageuses (1).

(1) Si j'en crois de nouveaux renseignements, la boucherie sociétaire de Besançon est loin de produire tous.

Je pourrais multiplier les citations de moyens analogues, ayant pour but de rendre la vie moins dispendieuse aux travailleurs. Parmi ceux-là, le projet le plus remarquable et dont vous avez tous entendu parler, c'est celui qui est en ce moment proposé au gouvernement provisoire par un architecte de Paris, celui de la construction de bâtiments pouvant loger chacun trois cents ou quatre cents familles d'ouvriers, avec toutes les économies et toutes les ressources de la vie associée, telles que crèches et salles d'asile pour leurs enfants, ouvroirs pour les femmes, restaurant commun et à bon marché, système unitaire de chauffage, etc.

Il est vrai que le devis d'un bâtiment aussi complet s'élève à un million, et qu'un établissement semblable ne peut que constituer une lourde

les bons résultats qu'on en attendait, et cela, précisément parce qu'on a négligé de la maintenir assise sur le principe de collectivité et de solidarité qui peut seul faire le mérite d'une entreprise de ce genre. Les actionnaires fondateurs ont négligé le but qui les avait réunis. Ils ont, pour la plupart, vendu leurs actions au gérant lui-même qui les a ainsi concentrées en grand nombre dans ses mains. En sorte qu'aujourd'hui ce n'est plus guère qu'une exploitation privée.

charge pour la commune ou pour l'Etat, si l'on veut lui conserver son caractère de bienfaisance. Il est vrai que ce n'est encore là qu'un projet d'association pour la consommation, pour la vie matérielle. Mais de pareilles tentatives prépareront heureusement les esprits à concevoir mieux encore. 'Elles feront aussi prendre patience à ceux qui attendent, en leur prouvant que le gouvernement et les hommes éclairés s'occupent sincèrement de l'amélioration du sort des masses.

Nous avons parcouru très-rapidement, trop rapidement peut-être, plusieurs sujets qui mériteraient de plus grands développements. Mais il m'a fallu abréger ; et pourtant j'arrive à peine au cœur de la question. Dans notre prochaine réunion, j'aborderai l'ORGANISATION DU TRAVAIL AGRICOLE, véritable base de toute association féconde, de toute organisation définitive, de celle qui procurera une heureuse activité, non-seulement aux travailleurs, mais aussi à leurs femmes, à leurs enfants, si mal à l'aise dans nos conditions sociales présentes !

DEUXIÈME SÉANCE.

TRAVAUX AGRICOLES.

MESSIEURS,

J'ai dit, en terminant notre première séance, que l'organisation du travail agricole était la véritable base de toute organisation définitive.

En effet, l'agriculture est, comme vous savez, la véritable source de toute richesse. C'est elle qui produit directement toutes les denrées nécessaires à notre existence; c'est encore elle qui fournit la plupart des matières premières à toutes les autres industries, à tous les produits manufacturés qui contribuent sous mille formes aux jouissances de la vie.

La question de l'organisation de l'agriculture est donc la plus importante de toutes pour la fortune d'une nation, surtout d'une nation continentale comme la France. Mais ce n'est pas seulement sous le rapport direct de la richesse que je veux vous la faire envisager ; c'est aussi sous le rapport de la répartition des populations, question qui s'y rattache intimement.

Il faut le reconnaître, dans notre civilisation actuelle, la répartition des populations sur notre sol est tout-à-fait fausse, tout-à-fait hors d'équilibre.

C'est un grand malheur que cette agglomération excessive de populations industrielles dans nos grandes villes. Elles y sont resserrées, elles y souffrent, elles y manquent d'air, de soleil, quelquefois d'ouvrage et de pain. Cependant, — chose fatale, — elles tendent à s'accroître encore chaque jour aux dépens des populations rurales !

Chaque jour quelques villageois, fuyant l'ennui, l'ignorance, les misères du village, viennent s'engouffrer dans nos villes pour y trouver un autre genre d'ennui, un autre genre de misère.

Est-il un indice plus accusateur des conditions de l'ordre social actuel ? Dès que le fils d'un paysan sait lire, écrire, compter un peu mieux que les autres, il n'a plus de repos qu'il ne vienne chercher fortune à la ville. Il veut être commis, commerçant, que sais-je ? tout autre chose que cultivateur.—Tant il est vrai que dans un milieu faux, mal équilibré, les meilleures tentatives ont chance de produire plus de mal que de bien. Ainsi les efforts, si louables en principe, qui sont faits pour répandre l'instruction dans les campagnes, tendent à tourner à la ruine des campagnes !

Rien n'accuse plus hautement les erreurs de l'économie politique et les lacunes du système d'instruction publique pratiqués jusqu'ici. Rien ne prouve d'une façon plus malheureuse combien les économistes et les gouvernements ont méconnu, non-seulement l'importance de l'agriculture, mais surtout le degré d'ATTRAIT que l'industrie agricole, bien dirigée, serait si capable d'offrir.

Tous les hommes d'Etat de notre temps observent pourtant et déplorent ce funeste mouvement des populations agricoles vers les villes. Aucun, que je sache, n'en a le moins du monde indiqué le remède, et pourtant ce remède existe.

Combien l'agriculture utiliserait de bras qui travaillent aujourd'hui dans les villes d'une manière si peu productive ! Combien d'industries, aujourd'hui entassées dans les villes, gagneraient à être placées autour d'une bonne exploitation rurale, qui fournirait les matières premières à leurs ateliers, les denrées à bon marché pour leurs travailleurs !

Les ouvriers seraient plus à l'aise. Ils pourraient faire alterner leurs travaux d'atelier avec les travaux plus sains de la culture des terres. Leurs enfants auraient plus d'air, ils se porteraient mieux, ils deviendraient plus forts. Par cela seul leurs femmes seraient déjà plus heureuses. Les femmes et les enfants trouveraient dans les mille petites industries de la campagne des occupations plus salutaires, plus morales, plus variées.

Il y a donc là pour le législateur, pour l'économiste, un immense bienfait à réaliser, en même temps qu'une question de richesse nationale à résoudre : trouver des moyens naturels, exempts de contrainte, attrayants, de ramener dans les champs le trop plein des populations de nos grandes cités.

Or, ces moyens existent, j'aurai à vous en parler ici. Mais auparavant, soyons plus modestes dans nos vues; et bornons-nous, pour un instant, à étudier une institution locale très-susceptible d'améliorer le sort actuel d'une commune ou d'un petit groupe de communes rurales, peuplées comme elles le sont aujourd'hui.

comptoirs agricoles.

Chacun le sait, bien peu de propriétaires, dans nos campagnes, possèdent par eux-mêmes assez de capitaux disponibles pour exploiter leurs terres sans avoir recours aux emprunts.

Or, l'emprunt, tel qu'il est possible aujourd'hui, est une source de dangers, de calamités pour le cultivateur. Je ne veux pas dire qu'il n'en est pas à peu près de même pour le prêteur; mais de ce qu'un régime manque de garanties pour l'un et pour l'autre, on peut conclure d'autant plus hardiment qu'il est mauvais.

L'emprunt sur hypothèque d'immeubles est difficile à trouver, onéreux, souvent insuffisant. L'agriculteur, pour assurer une récolte, pour se sauver d'un sinistre, pour tenter la moindre amélioration de son petit domaine, a-t-il besoin momentanément de quelque somme? il ne trouve à l'emprunter, — quand il trouve, — qu'à de gros intérêts qui lui mangent le meilleur de ses bénéfices laborieusement obtenus.

Pour éviter cela, se décide-t-il à vendre au comptant les produits qu'il a en magasin, et pour le placement desquels il eût désiré attendre un moment favorable? les spéculateurs sont là qui profitent de l'occasion pour les lui acheter à vil prix.

Etrange situation qui laisse à tout moment le cultivateur entre l'usurier,—ce fléau si connu et si détesté des campagnes,—et le marchand, homme fort honorable sans doute, qui joue un rôle utile en procurant des débouchés à l'agriculture, mais qui, souvent, les lui fait payer bien cher,..... au risque de se ruiner lui-même, à son tour, dans les hasards de la spéculation.

Où est le mal? — Il est dans les désordres du crédit agricole.

Il est : 1° dans la constitution vicieuse du crédit foncier, du régime hypothécaire, vaste et obscur dédale dans lequel nous ne pouvons nous engager ici;

2° Dans l'absence d'institutions de crédit agricole mobilier, au moyen desquelles le cultivateur puisse emprunter à de bonnes conditions, moyennant qu'il nantisse le prêteur de ses récoltes mises en gage sans qu'elles cessent d'être sa propriété, sans qu'il soit obligé de s'en défaire à vil prix.

C'est de cette dernière espèce de crédit que nous nous occuperons un instant : le crédit mobilier appliqué aux produits agricoles, l'emprunt sur simple consignation de récoltes, mises en gage avec faculté de les reprendre à volonté. Il s'agit d'une sorte de mont-de-piété perfectionné, rendu bienfaisant, appliqué aux besoins de la production agricole. Il s'agit d'un établissement près duquel le producteur trouvera des avances de fonds, moyennant qu'il viendra y déposer ses denrées en nantissement, tout en restant propriétaire de ces denrées jusqu'au jour où il lui conviendra de les vendre.

N'oublions pas de dire que cette solution depuis long-temps proposée sans pouvoir être admise, — comme il arrive souvent aux meilleures choses, — a été enfin approuvée et développée par une réunion d'hommes parfaitement compétents, au sein du comice agricole assemblé à Paris en 1847 (1). C'est la commission chargée par ce comice de l'étude de cette question spéciale, qui a choisi le nom de COMPTOIR AGRICOLE, pour l'institution que je vais vous décrire le plus brièvement possible.

— Quels sont les produits agricoles susceptibles d'être consignés en nantissement? — Tous

---

(1) Ajoutons aussi qu'aux environs de Moissac, département du Lot, elle est déjà appliquée avec succès, quoique dans des proportions restreintes.

ceux qu'on peut conserver au moyen d'une manutention intelligente : les céréales, les vins, les
huiles, etc.

— Dans quels locaux se fera la consignation ?
— Dans les bâtiments, magasins ou caves, con-
struits ou loués pour cet usage, suivant la force
des capitaux de l'entreprise, et suivant les développements successifs qu'on voudra lui donner.
Il n'est pas nécessaire de pouvoir, dès le début,
recevoir tous les produits d'une commune. —
Dans telle localité, par exemple, on recevra les
grains seulement; dans telle autre, les vins; ailleurs, tel ou tel genre de produits particuliers à
la contrée. La clientèle, naturellement restreinte
d'abord, s'augmentera peu à peu. L'accroissement successif des opérations et des locaux suivra
l'accroissement des bénéfices obtenus. Il suffira
donc, à l'origine, de louer des magasins, greniers
ou caves à des particuliers. Les bons effets de
l'entreprise ne tarderont pas à lui attirer les
moyens de se développer.

— Comment s'administrera un semblable établissement?— Un, deux, et successivement plusieurs agents seront préposés au classement et à
une manutention bien entendue des denrées en
dépôt. Un personnel encore plus réduit suffira

à la comptabilité. Tous ces agents pourront, in- .
dépendamment de leur salaire, être associés aux
bénéfices de la gestion.

— A quelles conditions les cultivateurs rece-
vront-ils des avances? — Les prêts étant bien
garantis pourront être faits à un taux modéré ,
soit 4 p. %. Les avances pourront atteindre les
deux tiers ou les trois quarts de la valeur consi-
gnée, en estimant les denrées au taux le plus bas
qu'elles atteignent.

Outre l'intérêt de 4 p. %, et comme règle
constante, tout dépôt dans les bâtiments du
comptoir sera passible d'un droit, pour frais
de garde et de manutention , soit, par exemple,
0 f. 50 c. par hectolitre de blé, etc.

A défaut de paiement à l'échéance, la vente se
ferait par les soins du comptoir au compte du
consignataire.

— En quels lieux seront fondés les COMPTOIRS
AGRICOLES? — Partout où les intérêts des fondateurs et ceux des cultivateurs le réclameront;
dans toute commune assez voisine à la fois des
lieux de production qu'elle pourra desservir, et
des marchés où elle trouvera des débouchés pour
ses opérations. Un même comptoir convena-

blement placé pourra desservir plusieurs communes.

— Enfin, qui sera chargé de l'entreprise ? — A ce sujet, la commission du comice agricole, appuyant son assertion sur des calculs, affirme que l'affaire serait bonne pour une société de capitalistes, petits ou grands, qui s'en chargerait. Elle indique même, avec raison, qu'une demi-intervention de l'État serait nécessaire dans la rédaction des statuts d'une telle société, afin d'empêcher que l'entreprise ne prît les caractères d'une spéculation trop lucrative et ne perdît de vue le but bienfaisant qu'elle devra poursuivre.

« Si les vœux de la commission étaient accueillis, ajoute le rapporteur, les communes ne laisseraient à aucune autre puissance le soin de cette grande fondation. A elles l'honneur, la charge, le bénéfice, car il s'agit vraiment d'intérêt communal. L'initiative des communes serait appuyée par le concours financier du département et de l'État, témoignage visible de leur concours moral, ressort précieux d'encouragement et d'émulation. On sait que, par ce triple effort, les communes les plus pauvres parviennent souvent à accomplir des œuvres dont elles n'auraient même pas osé concevoir le projet, si elles n'avaient compté que sur leurs propres ressources. Il suffirait d'étendre à un cas nouveau le système de subvention aujourd'hui adopté dans une foule de circonstances. »

Pressé par le temps, je ne vous développerai point une idée émise également dans le rapport de la commission, celle d'appliquer à ce genre d'entreprises les fonds des caisses d'épargne, dont le chômage embarrassant et onéreux pour l'Etat ne constituait pas une des moindres difficultés financières de l'ancien gouvernement. Il est entendu qu'un pareil emploi des fonds de caisses d'épargne suppose le rétablissement complet du calme et de la confiance publique. Cette question supplémentaire peut être ajournée.

Mais je ne quitterai point celle du comptoir agricole sans vous montrer que, sous une apparence modeste, cette institution a une portée plus heureuse qu'il ne semble peut-être au premier coup-d'œil.

Voyez combien elle offre de facilités aux producteurs, et plus tard combien elle donnera de garanties aux consommateurs mêmes, dans un pays qui possédera un certain nombre de ces établissements.

Avec un peu de temps, tous les cultivateurs de

la commune ou des communes desservies par un comptoir, pourront profiter de ses magasins et de son administration, même ceux qui n'ont pas besoin d'avances d'argent. Il suffira à ceux-ci de payer le droit de provision pour y voir conserver leurs récoltes.

Aujourd'hui, le paysan soigne mal ses denrées, faute de temps, d'instruments et de science, — dans des locaux mal exposés, mal aménagés, ouverts aux vents, à la pluie, à la poussière, aux rats, aux insectes.

Combien la manutention ne sera-t-elle pas facile, intelligente, économique, dans les bons magasins du comptoir, sous la garde d'agents spéciaux, bien entendus à leur besogne, intéressés eux-mêmes aux bénéfices, munis de tous les appareils convenables?

Aujourd'hui le paysan, sa femme, ses enfants, ses domestiques s'il en a, passent la moitié de leur temps à charger et décharger leurs denrées, à leur faire faire des promenades inutiles, à aller au marché, à en revenir sans avoir vendu, ou bien après avoir vendu à bas prix pour ne pas rapporter leurs charges. En un mot, leurs journées se passent souvent en détails onéreux ou inutiles.

Le comptoir leur évite tout cela. Il devient peu

à peu, sous la surveillance de l'autorité, un magasin central, un entrepôt, un véritable grenier d'abondance et de réserve, vendant et achetant à prix réguliers, à bénéfices équitablement répartis. Les négociants, les villes s'y approvisionnent. Peu à peu les manœuvres de hausse et de baisse deviennent moins exagérées, impossibles. Une foule d'intermédiaires, beaucoup de forces et d'habiletés perdues à ruser les unes contre les autres, un grand nombre de bras occupés à des déplacements inutiles peuvent être rendus à la production au grand profit de tous. Et par un commencement d'association entre le capital et le travail, les habitudes d'opérations d'ensemble, de secours combinés, succèdent peu à peu aux funestes habitudes d'isolement.

N'y a-t-il pas là de quoi compenser grandement les premiers frais auxquels l'Etat, les départements, les communes seraient entraînés? — Vous le savez, l'Etat, les départements, les communes ne doivent pas, en bon calcul, considérer seulement les bénéfices directs et immédiats d'une entreprise. « Le désordre, ainsi que le dit fort bien le rapport que je citais tout à l'heure, le désordre a beau masquer son budget, il coûte toujours plus cher que l'ordre, en agriculture comme en politique. »

Voilà donc déjà une institution aussi bienfaisante que facile à établir, contre laquelle il ne se présente pas une objection sérieuse, et qui peut même déjà se prévaloir de quelques expériences partielles bien réussies. —Avis à la prochaine Assemblée nationale.

Colonies agricoles associées. — Vices du morcellement.—Conciliation du droit de propriété individuelle avec les avantages de la culture en grand.

Cependant, ne nous y trompons pas, si le COMPTOIR AGRICOLE est déjà un commencement d'association, s'il organise jusqu'à un certain point la vente des produits de l'agriculture, ce n'est pas encore, à proprement parler, de l'organisation du travail de production agricole.

Or, c'est à cette dernière qu'il faudra bien en venir, et c'est cette organisation plus complète, plus essentielle, qu'il me faut aborder maintenant.

Mais, pour ne pas vous lancer d'abord au milieu d'impossibilités apparentes, pour ne point sembler faire un rêve au milieu de nos vieilles coutumes agricoles, permettez-moi de fixer votre attention sur un beau terrain tout neuf, et de vous faire assister à l'installation d'un projet qui s'y exécute, à ce moment même, en toute réalité. Permettez-moi de vous transporter pour un quart d'heure en Algérie, entre Oran et Mascara, sur les bords de la rivière du *Sig*.

Là, nous avons obtenu du gouvernement, depuis dix-huit mois, une magnifique concession de 3,050 hectares de terres arrosables et de bonne qualité.

Je dis *nous*, parce que je fais partie, pour quelques actions, de la société anonyme à laquelle cette concession est faite ; société dont le premier noyau s'est composé d'officiers des armées de terre et de mer, de fonctionnaires, de petits capitalistes, etc., ayant presque tous conçu un intérêt d'affection pour l'Afrique par quelques années de séjour dans ce beau pays.

Nous avons donc là 3,050 hectares de terrain en une seule pièce. On peut trouver ce cadeau trop magnifique ; mais c'est qu'aussi il faut dire qu'en le demandant et l'obtenant, nous nous imposions une grande tâche, celle de donner en dix ans à l'Algérie le véritable modèle d'une colonie agricole, la seule peut-être qui puisse y réussir dans un si court délai. Il ne s'agit de rien de moins que de créer une commune de 300 ou 400 familles associées en toute espèce de travaux agricoles, industriels, domestiques, d'y faire régner l'ordre, l'activité, et le bien-être physique et moral.

La concession ne nous a été faite par l'Etat qu'après un mûr examen des statuts et plans longuement élaborés par nous, et dont je vais tâcher de vous donner une idée générale.

Remarquons d'abord que la pensée qui domine tout le projet est celle de l'indivisibilité du sol qui nous est dévolu. Il sera exploité comme s'il était le domaine d'un seul homme, quoiqu'il appartienne à tous, chacun pour une part, ainsi que vous le verrez. Il sera exploité, en outre, comme si ce domaine d'un seul homme était entièrement et immédiatement gouverné par lui, sans fermier ni métayer, avec unité complète de plan et de direction.

C'est que nous avions presque tous vu de nos yeux que les vices du morcellement des cultures étaient encore plus grands en Afrique qu'ils ne le sont chez nous. C'est que nous avions vu que le principe du *chacun pour soi, chacun chez soi*, en matière d'agriculture, — principe d'isolement, de faiblesse et d'égoïsme en Europe,

— était particulièrement mortel pour les colons d'Afrique, sous un climat nouveau, en face de difficultés nouvelles.

Tous les villages morcelés que le gouvernement de l'Algérie a établis à grands frais depuis dix-huit ans en ont offert de tristes preuves.

Dans ce pays, la main-d'œuvre est hors de prix, ainsi que la plupart des denrées dont le cultivateur européen a besoin pour vivre avant d'avoir produit lui-même. Le petit concessionnaire qui, en arrivant, se croit heureux de recevoir de l'Etat une baraque, quelques instruments, un carré de terrain sans ombrage et le plus souvent sans eau, —le petit concessionnaire, dis-je, réduit à ses forces isolées, manquant le plus souvent de savoir et de mille petites ressources, est obligé de diviser son petit pécule en vingt achats différents qui chôment pendant six mois de l'année. Il n'a généralement pas de quoi acheter et nourrir du bétail; il travaille de tous ses bras, lui et sa famille, jusqu'à ce que la fatigue amène la maladie, et celle-ci la misère ou la mort.

Voilà l'histoire malheureusement exacte de 20,000 Français et plus peut-être, éparpillés dans les plaines de l'Algérie depuis la conquête !

Triste et cruelle leçon dont nous avons voulu profiter.

Mais puisque j'ai touché ce sujet, puisque j'ai dit que le morcellement des propriétés était, même en Europe, une cause de faiblesse pour l'agriculture, il faut, avant de passer outre, que je rende ma pensée avec toute précision.

Observez bien, je vous en prie, que je ne mets nullement ici en question le DROIT DE PROPRIÉTÉ, droit indestructible et immortel comme la nature humaine, mais que je parle simplement du mode d'exercice actuel de ce droit, du régime présent de la propriété en France, régime qui varie avec les temps et les lieux.

Avant 89, la propriété du territoire français appartenait, pour la plus grande partie, à la noblesse et au clergé. Elle n'était généralement divisée qu'en vastes parcelles peu nombreuses. Les petits bourgeois et les paysans étaient rarement propriétaires. Il n'y avait guère, dans ces deux grandes portions du tiers-état, que des métayers, des fermiers, des valets de ferme, des journaliers, descendants à demi affranchis de nos anciens *serfs*.

A partir de 89, l'abolition des priviléges, l'émigration, les confiscations légales, la vente des nombreux domaines dits nationaux, ont rendu possibles et très-rapides les achats au détail de territoires immenses. Et c'est alors qu'une notable fraction du peuple a pu s'élever à l'état de petit propriétaire.

Commençons par le constater, cette révolution dans la distribution de la propriété a eu un excellent effet. Elle a fourni à un grand nombre l'occasion d'acquérir. L'esprit de propriété s'est développé dans les masses, il a donné un essor très-heureux à l'activité agricole. Quand il travaillait pour son seigneur, pour ses moines, pour ses maîtres, et rarement pour lui, quand il travaillait sur un vaste domaine dont la prospérité lui importait fort peu, le cultivateur ne faisait pas grande besogne. Par suite, le rendement des terres était très-faible relativement à leur étendue. Beaucoup de terres restaient en friche. La science agronomique n'existait pas. On laissait aux soins des hommes de petit état l'industrie pivotale du pays, l'industrie nourricière, celle que Sully appelait la *mamelle de la France*.

L'intérêt qu'un paysan propriétaire trouve à faire rendre à son terrain tout ce qu'il peut produire, est infiniment plus direct. Cet intérêt fit des merveilles après la chute de l'ancien régime.

Il activa les cultures et tendit à relever la condition de l'agriculteur; il stimula la science et lui fit faire ses premiers progrès. Enfin, ce qu'il importe d'enregistrer aussi, chaque nouveau possesseur se trouva naturellement rallié à la cause de l'ordre public, au lieu d'être tenté, comme jadis, de désirer un bouleversement auquel il n'avait rien à perdre.

Ainsi donc, en bonne politique comme au point de vue de l'économie sociale, comme au point de vue de l'éternelle justice, il faudrait que le plus grand nombre, il faudrait que tous les citoyens fussent propriétaires, chacun pour une part plus ou moins grande. J'ajoute sans plus tarder que c'est précisément là que nous devons arriver un jour, en fécondant par son alliance avec un principe nouveau, — celui de l'association, — le principe de la division des propriétés conquis par nos pères en 89.

Une telle alliance est devenue nécessaire, vous ne tarderez pas à le reconnaître. Car si vous proclamez, comme je viens de le faire, les progrès incontestables que nous devons au morcellement, vous ne pouvez refuser déjà de voir également les terribles inconvénients qu'il entraîne.

Remarquez à quel excès nous sommes arrivés

en moins de soixante ans. Par suite des décon-
fitures de ce qu'il nous restait de grands propriétaires, par suite des morts, des partages entre
héritiers, des transactions de toute nature, le
sol va se divisant, s'émiettant à l'infini. Chaque
jour de nouveaux buissons, de nouveaux fossés,
de nouvelles clôtures le découpent en parcelles
plus petites.

« Le sol est tellement fractionné, » dit un
savant agronome de l'Aveyron, « que des milliers
de cultivateurs-propriétaires ont peine à retirer,
du lambeau de ce sol qui leur est échu, la subsis-
tance de leur famille. Naturellement, ils font
leurs efforts pour obtenir de leur lot, avant tout,
les objets de première nécessité, quelles que
soient la nature, la position, la qualité du sol.
On ne peut pas les blâmer. Mais qu'en résulte-
t-il ? C'est qu'aucune vue d'ensemble ne peut être
prise par la science ; c'est qu'aucune mesure
générale ayant effet sur toutes les parties du pays
qu'elle devrait embrasser ne peut recevoir d'application ; c'est que les meilleures idées, les progrès les plus rationnels et les plus pressants, sont
ainsi nécessairement paralysés. Cette loi de la
nécessité, qui pèse sur chacun, l'empêche de
comprendre ou d'adopter ce qui est bon en soi,

mais qui ne peut convenir à celui qui, vivant au jour le jour, n'a pas la faculté d'attendre les résultats lointains d'un nouveau mode de culture. Il est réfractaire à tout changement : ce changement compromettrait son existence. Il continue par force ses errements anciens. La majorité résiste ainsi, et c'est en vain que quelques propriétaires aisés font isolément des tentatives hasardées, mal conçues, mal exécutées, et qui manquent avant tout d'une condition de succès, celle de ne pas se produire ainsi fortuitement au gré du caprice et de l'ignorance (1). »

Ainsi le morcellement des cultures, et l'isolement de chaque petit producteur réduit à ses seules forces, après avoir fait beaucoup de bien comparativement à l'ancien régime, viennent à leur tour, en se prolongeant, arrêter les progrès de la science et ceux de la production.

Chaque jour une question importante en vient fournir une nouvelle preuve.

La question chevaline, par exemple. La France s'appauvrit en chevaux, malgré les dépenses annuelles consacrées par le gouvernement en achats d'étalons, entretien de haras, primes aux

_____

(1) Monseignat, *à propos du morcellement.*

éleveurs, etc. L'extrême division des terrains
arables tend chaque jour à remplacer la charrue
par la bêche et la (pioche; le cultivateur va de
moins en moins au marché des chevaux de labour.
Et puis, pour élever des chevaux, il faut des avances considérables, des écuries, un personnel; il
faut de vastes prairies, et tout cela, de jour en
jour tend à disparaître.

Mêmes observations au sujet de la grande question des bestiaux. La viande est chère; les ani-
maux gras, les laines, les cuirs sont à des prix
élevés; les engrais sont rares;... c'est que tous
les jours l'élève des bestiaux trouve de nouveaux
obstacles dans la division des propriétés.

Je pourrais allonger beaucoup cette liste des
malheurs du morcellement. Il n'est pas un agronome qui n'en gémisse. Souvent on n'en gémit
que tout bas, craignant d'être accusé de regretter
l'ancien régime, ou bien de vouloir conclure au
communisme. C'est qu'on ignore qu'il existe un
moyen de réunir les bienfaits de la propriété
individuelle rendue accessible à tous, avec ceux
de la culture en grand.

Mais, après cette digression, revenons à notre
colonie d'Afrique.

Veuillez ne pas l'oublier, si j'entre dans quelques détails sur cette entreprise que je vous cite, ce n'est pas que je veuille attirer sur elle en particulier l'intérêt de cette séance. C'est pour ne pas laisser de place à une accusation d'utopie en vous parlant d'un projet purement idéal. C'est pour mieux fixer vos idées, en profitant d'une expérience qui jouit déjà d'une demi-réalité. C'est, enfin, parce qu'avec un peu de réflexion, vous verrez facilement qu'on pourra très-bien faire en France même, tout près de vous, ce que nous faisons aujourd'hui dans un coin de l'Algérie.

Nous avons donc un vaste terrain qui sera cultivé à l'état indivis, au moyen d'un capital social dont le chiffre soit assez bien en rapport avec la valeur prochaine de ce terrain, pour que chaque action émise puisse être considérée comme solidement hypothéquée sur le sol.

Nous appelons des colons, ou familles de colons, à mesure que nous pouvons les utiliser. Arrivés là, comme il faut une hiérarchie de personnel dans toute entreprise bien conduite, ils trouvent des cadres tout formés de classes et de grades différents, depuis le directeur qui a l'autorité sur tous, jusqu'au moindre travailleur. Chacun, en arrivant, est classé provisoirement par le directeur, suivant ce qu'il sait ou veut faire. Plus tard, c'est par l'élection que les colons se classeront eux-mêmes.

Le colon qui est admis et qui se met au travail a droit, sur les lieux, à tout ce qui est nécessaire à la vie : le logement, le lit, la nourriture, les vêtements indispensables, chacun suivant son grade ou sa classe; chacun, aussi, pouvant être traité en logement, nourriture, etc., d'une classe supérieure à celle où on l'a mis, pourvu qu'il paye de sa bourse la différence des frais. Il fallait cela, pour qu'il fût possible aux membres de divers degrés de se rapprocher entre parents et amis.

C'est donc un minimum en nature que la colonie assure à chacun de ses travailleurs. D'après nos statuts, ce minimum d'existence assurée au colon passe avant tout; l'intérêt des actions n'est servi qu'après lui.

En outre, cet intérêt des actions n'est servi d'abord que jusqu'à concurrence de 5 p. %. Dans le reste des bénéfices, s'il y en a au-delà, se trouve encore une forte part à diviser entre les colons-travailleurs, chacun proportionnellement à son grade et à sa classe.

Les voilà donc déjà intéressés dans l'entreprise à deux titres :

1° Au titre du TRAVAIL, qui est payé par le minimum assuré en nature et par les chances presque certaines de bénéfice supplémentaire à partager ;

2° Au titre du TALENT ou de la capacité, qui jouit des bonifications attribuées à chaque grade ou classe, avantages qui entretiennent l'émulation.

Mais ce n'est pas tout ; il fallait nous attacher encore les colons à un troisième titre ; il fallait aussi mettre en jeu l'esprit de propriété. Nous avons voulu que chaque colon pût devenir, autant que possible, propriétaire comme nous-mêmes ; qu'il eût à toucher aussi sa petite part dans le bénéfice au titre du CAPITAL.

Pour cela, nous avons subdivisé les actions de notre société (lesquelles sont de 500 fr.) en coupons de 100 et même de 50 fr., de telle sorte qu'ils fussent à la portée de tout le monde, et qu'il suffît à un travailleur d'avoir 50 francs d'économies pour devenir lui-même actionnaire.

Eh bien ! cela fait, remarquez que chaque colon-actionnaire, aussi bien que chacun de nous qui n'habitons pas la colonie, est véritablement propriétaire d'une portion du territoire concédé, bien qu'il n'ait pas son petit carré de terrain à lui seul dans un petit coin. Avec un titre d'action de 500 francs dans sa poche, hypothéqué sur cette belle pièce de terre dont la valeur va chaque jour croissant, je vous assure qu'il se trouve aussi bien propriétaire que s'il avait un champ de même valeur, entouré d'une haie ou d'un fossé et séparé de nous. Au moins peut-on être certain, s'il a déjà compris les avantages de la grande culture, qu'il n'échangerait pas son action contre un pareil champ.

Son action est à lui ; elle gagne chaque jour de la valeur en ses mains ; il peut la vendre, la donner, la léguer à ses enfants comme il lui plaît. Il est vrai qu'il ne peut pas accommoder quelques mètres carrés de terre à sa seule fantaisie ; il est vrai qu'il ne retrouve plus ses habitudes d'isolement et de *chacun pour soi ;* mais, en revanche, n'a-t-il pas la faculté de choisir entre vingt travaux différents, suivant ses goûts et ses aptitudes? Ne peut-il pas dire : Voilà NOS champs, NOS prés, NOS vignes, NOS troupeaux, puisque son avoir est un peu dans tout cela à la fois, et qu'il est intéressé à ce que tout cela prospère?

Ne croyez donc pas que la satisfaction du sen-

liment de la propriété , — sentiment fort légitime, je ne cesserai de le redire,—soit inséparable
de la fantaisie d'avoir à soi seul un coin de terre
où , le plus souvent, on fait, non pas ce qu'on
VEUT, mais ce qu'on PEUT, ce qui n'est pas beaucoup dire.

J'achève le tableau de la situation de nos colons, du moins de celle qui leur sera faite dès
que l'accomplissement des travaux de début aura
permis d'établir les constructions définitives.

Ainsi que je l'ai dit, tous nos colons reçoivent
en nature : logement, nourriture, vêtements, etc.
Pour réaliser dans toutes ces fournitures les économies immenses de la vie associée, nous organiserons tout cela en grand, dans un vaste bâtiment, analogue à ceux que je vous citais dans
notre première réunion , et dont les projets sont
présentés à l'Etat pour loger chacun trois ou
quatre cents familles, avec séries d'appartements
séparés, salles de réunion, salles de travail, salles
d'enfants, vastes restaurants, etc.

Nous n'organiserons donc pas seulement la
PRODUCTION, mais aussi la CONSOMMATION, sur des
bases aussi bienfaisantes qu'économiques.

Gardez-vous bien de croire, comme quelques-
uns pourraient le dire avec peu de réflexion ,

gardez-vous bien de croire qu'un tel genre de vie est de la *communauté*, que c'est du *péle-méle*, qu'il tend à détruire les liens de famille et la morale. Rien de tout cela n'aura lieu, tous les sentiments naturels et nobles seront au contraire satisfaits.

Il est bien clair que le régime de la propriété indivise, de l'usage collectif de la terre et des instruments de travail, ne s'étend nullement à tout ce qui est personnel. Les logements, par exemple, seront un objet de jouissance purement individuelle et exclusive. Chaque colon, marié ou célibataire, avec ou sans enfants, sera locataire de la société pour son argent, comme il le serait d'un particulier quelconque. Il jouira de sa chambre ou de son appartement avec autant de latitude et aussi bien séparé des autres que dans nos maisons actuelles. Le mari, cela va sans dire, habitera avec sa femme, et il ne tiendra qu'à lui de réunir autour de lui toute sa famille.

Fort heureusement, le lien de famille ne tient pas essentiellement au pot-au-feu du ménage isolé. Il trouve sa force dans les sentiments les plus vifs et les plus indestructibles de la nature. Il n'est pas rompu par ce seul fait qu'on mange au restaurant. Le lien conjugal n'est pas rompu, ni même compromis, parce que la femme exerce, soit dans les ateliers du grand ménage sociétaire, soit à ceux des jardins ou à tout autre , des fonctions lucratives et indépendantes de celles de son mari. L'amour paternel ne sera point blessé si la colonie se charge elle-même d'initier les enfants aux petites industries que l'agriculture met à la portée de leur âge ; il ne sera point blessé davantage quand chacun d'eux aura son petit compte ouvert personnel avec l'administration, dès que son emploi sera susceptible d'une petite part dans les bénéfices.

Au contraire , croyez-le bien , l'activité et les habitudes de sociabilité que trouveront naturellement les travailleurs dans une telle réunion, ne pourront que tourner au profit de la morale. La satisfaction d'esprit qu'on éprouve toujours à voir son sort et celui des siens assurés, ne pourra tendre qu'à introduire plus de dignité dans les mœurs, plus de pureté dans les affections de famille comme dans toutes les autres.

L'association ne sacrifie donc pas plus la famille qu'elle ne sacrifie la propriété.

Enfin, pour compléter la statistique civile, morale et religieuse de la colonie, n'oublions pas de dire que l'administrateur de la colonie est revêtu du caractère de MAIRE de la commune, chargé, comme tel, de tous les actes de l'état civil; que des instituteurs et institutrices, choisis avec soin, assureront l'instruction des enfants; que la colonie aura, comme toutes les autres communes, une chapelle et un prêtre.

Maintenant, vous avez une idée suffisamment exacte de la condition de nos sociétaires, et vous vous figurez facilement leurs fonctions de cultivateurs; mais ce n'est pas tout. Je voulais en venir à vous montrer comment une semblable association peut et doit être à la fois industrielle et agricole; comment un vaste atelier agricole, tel que je vous l'ai décrit, doit naturellement devenir le centre d'un certain nombre de ces ateliers industriels si malheureusement agglomérés aujourd'hui dans nos grandes villes.

D'abord, ce sont nos propres colons qui construiront, au moins en partie, nos bâtiments et qui les entretiendront. La colonie aura successivement ses ateliers de réparation, puis de construction du matériel d'agriculture. Tous les détails du ménage sociétaire, sous le rapport de la confection des aliments et des vêtements de toute espèce, appelleront aussi un assez grand nombre de petites industries spéciales. Puis nous aurons

successivement des moulins pour moudre nos céréales, des meules pour faire nos huiles, des
pressoirs pour nos vins, des magnaneries et peut-
être des filatures pour nos soies. Avec le temps,
nos cultures du tabac, du coton, de la cochenille,
de la canne à sucre, peut-être, nous donneront
lieu à un nouveau développement d'établissements
manufacturiers plus ou moins étendus.

Remarquez bien ce rapprochement ou plutôt
cet engrenage d'une exploitation agricole avec
une foule d'industries qui s'y rattachent. C'est à
la fois une combinaison de bonne économie ad-
ministrative, et une condition de bien-être physique et moral pour les colons.

C'est une combinaison de bonne administration, parce que les travaux agricoles ne sont pas
de nature à occuper pendant toute l'année tous
les bras qu'ils réclament en certaines saisons;
de telle sorte que, si nous n'avions pas d'emplois
industriels à donner à nos sociétaires pendant les
chômages et demi-chômages de la culture, la
colonie ne tirerait pas de ses forces tout le bon
parti qu'elle peut et doit en tirer.

C'est encore une condition de bien-être et
d'agrément pour tous; car, il faut bien nous l'a-
vouer, nous ne sommes faits, ni d'esprit ni de

corps, pour exercer le même métier pendant toutes les heures de nos journées et pendant tous les jours de notre vie. Cette perpétuité de la même fonction, cette monotonie à laquelle nous sommes pour la plupart condamnés, par l'ordre social actuel, en constitue l'un des plus grands vices. Elle est contraire au vœu de la nature, et, heureusement pour tous, un jour elle disparaîtra.

L'homme n'est pas né pour être uniquement cultivateur ou uniquement industriel ; encore moins est-il né pour exercer uniquement, celui-ci sa tête, celui-là ses jambes, celui-là ses bras. Notre organisation physique souffre autant de cet état de choses que nos goûts naturels pour la variété. Ne voyons-nous pas tous les jours l'exercice exclusif et sans cesse répété d'un métier déformer, atrophier plus ou moins le corps du malheureux que l'usage ou la nécessité y condamne? Et n'avons-nous pas tous vu la perte ou seulement la maladie d'un membre enlever à un pauvre ouvrier son seul gagne-pain?

Combien nos colons n'apprécieront-ils pas la faculté d'être tour-à-tour travailleurs des champs et travailleurs sédentaires, de pouvoir se reposer d'une occupation par une autre non moins lucrative! Combien ne seront-ils pas heureux de voir leurs enfants, à qui cela sera encore plus facile, exercés chaque jour à dix petits travaux différents, exercés d'esprit et de corps au grand profit de l'un et de l'autre!

Et la question des machines, cette question terrible dans notre chaos industriel, voyez comme elle est résolue tout naturellement par l'association! Aujourd'hui, chaque machine nouvelle est accueillie avec stupeur par toute une classe d'ouvriers qu'elle menace d'affamer en supprimant leur emploi; et les populations pauvres, trop réellement alarmées en dépit des beaux raisonnements des économistes, sont tentées de briser les machines! Dans une société bien faite, dans une société qui saurait intéresser matériellement tous les membres aux bénéfices de ses progrès, chaque nouvelle invention de machines serait accueillie comme un don du ciel; car c'est par elles que Dieu affranchit l'homme de ses plus durs labeurs en mettant à son service, comme autant de serviteurs dociles, toutes les forces de la nature.

Nos colons, je vous l'atteste, verront venir avec joie les machines qui tireront parti, sans intervention pénible de leur part, de tous les produits de leur culture. Plus ils en verront venir, plus ils verront de chances d'augmenter leurs profits, et d'utiliser leur temps à de nouveaux travaux plus faciles et plus variés.

Mais je m'arrête au sujet de notre colonie du Sig, car je suis déjà un peu loin dans son avenir. Elle n'a encore que vingt mois d'une existence, il faut le dire, bien incomplète ; et vous avez encore le droit de douter qu'elle arrive à d'aussi grands résultats. Cependant, vous admettrez au moins, j'espère, qu'il n'y a plus là qu'une question de temps et d'argent ; et vous me permettrez de conclure ceci : c'est que rien n'empêchera de faire en France ce que nous faisons en Afrique, dès que l'Etat, dès que de riches communes, dès que des compagnies intelligentes voudront en faire l'épreuve.

Il ne manque pas encore en France de terrains vagues, incultes, inoccupés, qu'une armée de travaux publics peut assainir, qu'une colonie agricole peut féconder (1). L'Etat a des domaines nationaux ; certaines communes ont en propriété des terrains considérables. Il y a plus de six ans que la ville de Strasbourg a fondé dans sa forêt

(1) Voir la note, page 75.

défrichée d'Ostwald une colonie pour ses pauvres, ses mendiants sans asile, ses enfants abandonnés. Cette colonie prospère. Quelques autres analogues, à Mettray et ailleurs, sont aussi en voie de progrès. Eh bien! on finira par reconnaître qu'il peut être avantageux de faire avec de braves et habiles travailleurs, apportant leurs petites épargnes, ce qu'on fait avec des repris de justice et des mendiants.

L'Etat ou les communes créeront donc de nombreuses colonies agricoles, tant en France qu'en Algérie. Et n'est-il pas permis de penser qu'un jour, encouragés par la réussite d'aussi bons exemples, des groupes de propriétaires eux-mêmes se sentiront disposés à les imiter? ne s'en trouvera-t-il pas qui seront disposés tôt ou tard à abattre leurs buissons, à combler leurs fossés pour appliquer à leurs terrains réunis et généralement peu productifs les avantages de la grande culture?

De grâce, gardez-vous de croire que ce serait là faire de la COMMUNAUTÉ, du COMMUNISME. Je vous l'ai dit à propos de nos colons d'Afrique, chacun d'eux n'en resterait pas moins solidement propriétaire de sa quote-part; chacun n'en serait pas moins nanti d'une part de revenu proportionnelle au capital qu'il y mettrait, au travail qu'il y ferait, au talent qu'il y déploierait.

Ce ne serait pas plus faire de la communauté que n'en feraient un certain nombre de petits maîtres de forges, par exemple, se réunissant pour fonder entre eux tous une grande et belle forge qui marcherait beaucoup mieux et leur rapporterait plus à elle seule, chacun pour sa part, que leurs petites usines séparées et mal pourvues.

Qu'est-ce qu'une communauté? qu'est-ce que ce serait qu'une réunion de communistes? Ce serait une réunion, — semblable sous ce rapport à celle des couvents, — où chacun en entrant et apportant son avoir, se dépouillerait de toute propriété personnelle, n'aurait plus rien à lui, plus rien à vendre, ni à acheter, ni à donner; une réunion où tout appartiendrait à l'être idéal qu'on appellerait la communauté, le couvent; où chacun, qu'il travaille ou non, qu'il soit habile ou maladroit, qu'il soit arrivé riche ou pauvre, recevrait la même portion congrue, ni plus ni moins que son voisin.

Voilà ce que c'est que le communisme; vous voyez bien que j'ai eu raison, l'autre jour, de le taxer d'idée stérile, quoique cette idée soit honorable sous certains rapports, puisqu'elle part d'une espèce d'abnégation religieuse semblable à celle de nos moines du moyen-âge. Mais elle tue l'émulation, l'ambition légitime; elle sacrifie les sentiments du cœur en ôtant la faculté de donner à ses enfants, à ses amis, de donner par choix, par affection enfin, comme la nature le veut. Voilà pourquoi je crie bien haut que l'association n'est pas du communisme!

Mais, répétons-le aussi, quels que soient les bienfaits de l'association, quel que soit son respect pour tous les sentiments de la nature, et précisément par ce motif de respect, il faut qu'elle soit toute volontaire.

Quand je parle d'association pour les propriétaires entre eux et avec les travailleurs, il est bien entendu qu'ils ne devront jamais y être appelés que par leur libre arbitre. La République se mentirait à elle-même, elle serait indigne de sa devise de liberté, elle ferait disparaître la condition essentielle du succès, si elle songeait le moins du monde à forcer à l'association. Elle ne peut que donner des exemples; ils seront heureusement suivis.

Me voici au terme de la tâche que je m'étais imposée. Je ne veux pas, je ne dois pas vous faire voyager plus loin dans l'avenir ; le présent réclame impérieusement notre temps et nos soins.

Il faut que je vous l'avoue : je n'espère pas vous avoir fait partager à tous ma foi vive et profonde dans la bonté de cet avenir que Dieu nous réserve et que j'ai assidûment étudié. Puissé-je avoir réussi, du moins, à vous montrer combien chacun gagnerait à regarder en face, avec calme et sans préventions irréfléchies, des principes qui n'inquiètent que parce qu'on ne les connaît pas.

Ceux qui souffrent y trouveraient la perspective d'un sort meilleur et la conviction qu'il ne peut se réaliser qu'en renonçant à toute violence, que par le concours de tous les bons sentiments.

Ceux qui s'inquiètent parce qu'ils possèdent y verraient la preuve que leurs droits n'y sont nullement menacés, nullement compromis.

Aujourd'hui que ce mot d'ORGANISATION DU TRAVAIL est dans toutes les bouches, aujourd'hui que ce problème est posé par le gouvernement lui-même, j'ai cru faire un acte de bon citoyen en vous montrant qu'il pouvait avoir une solution paisible, conciliante pour tous.

Sans doute la mise en pratique sera difficile,

sans doute elle prendra du temps ; mais ce n'est pas une raison pour ne pas s'en occuper , et pour ne pas la recommander vivement à l'étude de ceux qui auront l'honneur de vous représenter à l'Assemblée nationale.

Car là est l'avenir , là est le salut !

NOTE.

Page 67, ligne 21.

Le public, étranger aux études d'économie agricole, ne se doute pas le moins du monde de l'immensité des conquêtes qui nous restent à faire en agriculture sans sortir du territoire français. A ce sujet, il est bon de ne pas négliger le témoignage d'un journal de grande réputation, et surtout très-peu suspect de socialisme.

Le 11 avril 1848, environ quinze jours après mes séances à l'hôtel-de-ville de Metz, j'avais la satisfaction de lire ce qui suit, au *premier Paris du Journal de Débats :*

« Parmi les mesures que le gouvernement provisoire a prises pour venir en aide aux classes laborieuses, il en est une que nous ne devons pas passer sous silence : c'est celle qui a pour but de préparer un vaste plan de travaux agricoles. Nous n'avons pas été les derniers à réclamer les améliorations de ce genre, et nous l'avons fait à une époque où elles étaient moins opportunes et moins urgentes qu'elles ne le sont aujourd'hui. Alors nous les demandions uniquement dans l'intérêt particulier de l'agriculture ;

aujourd'hui , nous avons à les recommander comme
un expédient nécessaire au rétablissement de l'ordre
et de la paix publique. Le grand embarras, la plaie
du moment, est dans la crise industrielle, qui a jeté
sur le pavé de Paris et de nos grandes villes une foule
d'ouvriers sans ouvrage. Or, quel meilleur emploi
pourrait-on faire de ces bras inoccupés que de les
tourner vers les entreprises qui ont en vue le perfec-
tionnement de l'agriculture et la fécondation du sol
national ? Quand les ateliers industriels se ferment,
quoi de plus opportun et de plus raisonnable que d'ouvrir des ateliers agricoles ? Il nous semble , quant à
nous, qu'on aurait fait un grand pas, si l'on avait
résolu ces deux questions, qui en comprennent plusieurs autres : arrêter le mouvement qui pousse la
population des campagnes vers les villes et les travaux industriels ; attirer vers les travaux des champs
le trop-plein de la population , qui encombre les ateliers et les rues de nos grandes cités.

» Mais quels sont les moyens d'arriver à ce résultat
si désirable ? Comment seront organisés les travaux
agricoles ? Tel est l'objet d'une circulaire adressée
dernièrement par le ministre de l'agriculture et du
commerce aux commissaires des départements. Les
questions posées par le ministre ont pour but de l'é-
clairer sur divers points.....

» D'après les documents que la science économique a déjà réunis sur ce sujet, il existe en France près de 10 millions d'hectares en terres incultes de toute nature, ce qui comprend les marais, les étangs, les dunes ou masses de sable, les landes et les friches. Les marais seuls figurent dans ce chiffre pour 800,000 hectares ; les étangs pour 200,000. L'étendue totale des dunes en France est encore inconnue de l'administration elle-même ; mais pour le seul département de la Gironde, elle est de 67,000 hectares, et pour le département des Landes, de 49,000 ; ensemble, 116,000 hectares. Quant aux landes et aux terrains en friche, connus généralement sous le nom de terres vaines et vagues, on estime leur étendue à 8 millions d'hectares environ, dont la majeure partie se trouve dans la Gascogne, la Bretagne, la Touraine, le Berri, le Limousin et le Poitou. Il est bon d'ajouter que les biens communaux forment les sept huitièmes des terres en friche.

» On voit quelle immense étendue de terrain est perdue, complétement perdue pour la production agricole. On voit quelle vaste carrière elle pourrait ouvrir à l'esprit d'amélioration et de progrès, bien entendu. C'est ici que reviennent, dans toute leur force, les considérations économiques et politiques que nous avons indiquées tout à l'heure. Nous savons par une expérience récente que la production actuelle du sol national en céréales ne suffit pas pour assurer le pays contre les chances de disette. Nous savons aussi que sa production en fourrages ne suffit pas pour assurer l'approvisionnement du pays en bestiaux et l'amélioration que l'on doit souhaiter dans le régime alimentaire des classes ouvrières. Pour combler ce déficit, *il ne faut que le vouloir ; il ne s'agit que de nous vouer à l'exploitation de cette mine vierge que la Providence nous tient en réserve depuis des siècles.* Nous pourrions nous vanter de n'avoir pas mal employé les capitaux et les efforts que nous aurions consacrés au défrichement et à la fécondation de nos terres incultes. Nous aurions mis la main sur une épave, sur un véritable trésor le jour où ces 10 millions d'hectares, aujourd'hui couverts par les eaux, les sables ou les bruyères, auraient été convertis en guérets dorés ou en prairies verdoyantes. On a calculé que le dessèchement des marais seul aurait pour effet d'ajouter plus d'un milliard et demi de capital à la richesse publique. Nous ne parlons pas de l'influence heureuse que cette mesure exercerait sur la salubrité publique dans cinquante-cinq de nos départements qui sont sans cesse exposés aux exhalaisons corrompues des eaux stagnantes.

» Mais ce qui est principalement à considérer dans les circonstances où nous sommes, ce sont les avantages politiques d'une opération conçue pour la mise en culture, et l'exploitation en grand de tout le sol improductif de la France. Elle fournirait le moyen d'occuper cette masse innombrable d'ouvriers que la suspension du travail expose à la misère, aux tentations et aux désordres qui en sont la suite. Nous connaissons assez les sentiments d'honneur et de juste susceptibilité qui animent les ouvriers français, pour être persuadés qu'ils aimeraient mieux consacrer leurs bras à dessécher nos marais, à défricher nos landes, que de continuer à vivre sous le régime humiliant des aumônes officielles. Ils y trouveraient tout profit, tant sous le rapport de la dignité personnelle que sous celui du bien-être matériel. Ils verraient s'ouvrir ainsi devant eux une carrière suffisante pour les occuper, pendant de longues années, à un genre de travaux *qui aurait l'avantage particulier de combiner l'industrie avec l'agriculture.* Le gouvernement y trouverait aussi son bénéfice, car il aurait résolu la double question que nous posions en commençant : *empêcher la population rurale d'émigrer dans les villes ; attirer dans les campagnes une partie de la population ouvrière agglomérée dans les grands centres de population.* C'est assez dire qu'il aurait fait un grand pas vers le rétablissement de la confiance et de la sécurité publique, aujourd'hui si profondément ébranlées.

» Ainsi l'ordre public et le bien général du pays,

N.

l'amélioration physique et morale de la classe ouvrière, le progrès de l'agriculture et de la richesse nationale sont également intéressés dans le projet conçu par le gouvernement. Il faut remercier le ministre qui en a pris l'initiative et préparé les bases. Espérons que l'exécution ne s'en fera pas longtemps attendre. »

Excellente doctrine, capable de réhabiliter le journal des banquiers et des agioteurs pour peu qu'il l'eût sérieusement étudiée, fidèlement soutenue.

Excellents conseils, qu'auraient dû suivre au plus vite nos organisateurs d'ateliers nationaux, et dont la mise en pratique intelligente conduirait tout droit aux armées de travaux publics, aux colonies agricoles-industrielles, à l'association.

Lecteur, vous le voyez, c'est le *Journal des Débats* qui le dit : IL NE FAUT QUE VOULOIR !!

FIN.

www.ingramcontent.com/pod-product-compliance
Lightning Source LLC
Chambersburg PA
CBHW070901280326
41934CB00008B/1528